NOTICE
DES LIVRES
DU CABINET
DE FEU M. PARQUOY,

Premier Employé du Département des
Manuscrits de la Bibliothèque Impériale;

*Dont la Vente se fera le Lundi 21 Octobre
1805 (29 Vendémiaire , an 14), à cinq
heures précises de relevée, rue Neuve des
Petits-Champs, au coin de la rue de la Loi,
maison de la Bibliothèque Impériale.*

SE TROUVE A PARIS,

Chez
{
GUILLAUME DE BURE, Père et Fils, Libraires
de la Bibliothèque Impériale, rue Serpente,
n° 7.
Et M. PETIT-CUENOT, Commissaire-Priseur,
rue de l'Arbre-Sec.

1805. — An XIV.

Holstenii annot. M. Lasc.

NOTICE

Des Principaux Articles du Cabinet de
feu M. Parquoy, premier Employé
du Département des Manuscrits de la
Bibliothèque Impériale.

N° 1 , 49 *vol. in-8. in-12. & in-18. dont* ,

Recherches Philofophiques fur les Egyptiens
   & les Chinois. *Berlin*, 1774, 2 *vol. in-12. v. m.*   3 .. —
Œuvres de Jean Racine. 1782, 2 *vol. in-18. v. éc.* *manque*
Œuvres choifies de J. B. Roufleau. *Paris*, 1784,
   in-12. v. éc.   1 .... 2.
Hippocratis Aphorifmi, gr. & lat. Cur. le Febure
   de Villebrune. *Parifiis*, 1779, *in-12. br.*   2 18
Tragœdiæ feleĉtæ Æfchyli, Sophoclis, & Euripi-
   dis, gr. & lat. *Excud. Henr. Stephanus*, 1567,
   in-18. v. b.   3 .... 19.
Th. Crenii Opufcula varia. *Roterodami*, 1693 ,
   13 *vol. in-12. vél.*   13 ....
Luc. Holftenii annotationes in Cluverii & Ortelii
   geographiam. *Romæ*, 1666, *in-8. v. f.*   6 ... D
De Vita funĉtorum ftatu, auĉt. Ja. Windet. *Londini*, 1677, *in-12. v. f.*   1 ... 18..

N° 2 , 61 *vol. in-8. & in-12. dont* ,

Nouvelle méthode de la Langue grecque. *Paris*,
   1696, *in-8. v. b.*
Méthode pour apprendre la Langue latine. *Paris* ,
   1655, *in-8. v. b.*   7 ....

Tables de Logarithmes, par Callet. *Paris*, 1783, *in*-8. *v. m.*

Mythographi latini, cum not. var. *Amst.* 1681, *in*-8. *vél.*

Maximus Tyrius, gr. & lat. *Lugd. Bat.* 1614, *in*-8. *parch.*

Histoire des Juifs de Prideaux. *Amsterd.* 1728, 6 *vol. in*-12. *v. f.*

Histoire du monde Sacré & Profane, par Sam. Shuckford. *Leyde*, 1738, 3 *vol. in*-12. *v. j.*

La Bible de Le Gros. *Cologne*, 1739, *in*-12. *mar. vert, dent.*

La Bible, trad. en franç. par de Sacy. *Bruxelles*, 1702, 8 *vol. in*-12. *v. j.*

N° 3, 51 *vol. in*-4. *in*-8. *& in*-12. *dont*,

Phil. a Turre monumenta vet. Antii. *Romæ*, 1724, *in*-4. *fig. v. b.*

Drusii Grammatica Chaldaica, hæbr. &c. *Franekeræ*, 1609, *in*-4. *parch.*

Th. Erpenii Grammat. arabica. *Lugd. Bat.* 1767, *in*-4. *br.*

Pauli Alexandrini rudimenta in Doctrinam de prædictis natalitiis, gr. & lat. *Witebergæ*, 1586, *in*-4. *m. cit.*

Th. Janssonii ab Almeloveen fasti consulares romanorum. *Amsterd.* 1740, *in*-8. *v. f.*

Homeri Opera, gr. & lat. *Patavii*, 1744, 2 *vol. in*-8. *v. f.*

Hist. Augustæ Scriptores VI, cum not. var. cur. Corn. Schrevelio. *Lugd. Bat.* 1661, *in*-8. *v. éc.*

Élémens d'Algèbre d'Euler. *Lyon*, 1774, 2 *vol. in*-8. *v. m.*

De l'Origine des Loix, des Arts & des Sciences, par Goguet. *Paris*, 1759, 6 *vol. in*-12. *v. f.*

Hist. duo Moordr. M. Duth.

Phil. a Tusc. M. Duth.

D. Alexandriurg. M. Lasc.

Hist. augusta. M. Duth.

Hist. du Ciel. M. Duth.

Apollodori Bibliotheca , gr. & lat. ex recens:
Tanaq. Fabri. *Salmurii* , 1661 , *in*-12. *v. b.*
La République de Platon , trad. en franç. *Paris* ,
1765 , 2 *vol. in*-12. *v. m.*
Histoire du Ciel , par Pluche. *Paris* , 1739 , 2 *vol.*
in-12. *v. b.* —
Heineccii Fundamenta stili cultioris. *Lipsiæ* ,
1748 , *in*-8. *vél.* —
Jac. Perizonii origines Ægyptiacæ & Babyloni-
cæ. *Traj. ad Rhen.* 1736 , 2 *vol. in*-12. *v. f.*
Ch. Mag. —
Bibliothèque Orientale , par d'Herbelot. *Paris* ,
1781 , 6 *vol. in*-8. *dem. rel.* —

N° 4. 51 *vol. in*-4. *in*-8. & *in*-12. *dont* ,

Histoire d'Hérodote , trad. par M. Larcher. *Pa-*
ris , 1802 , 9 *vol. in*-8. *br.* —
Didymi Taurinensis Litteraturæ Copticæ rudi-
mentum. *Parmæ* , 1783 , *in*-8. *m. r.* —
Traité des mesures itinéraires , par d'Anville. *Pa-*
ris , 1769 , *in*-8. *v. m.* —
Le Bhaguat-geeta. *Paris* , 1787 , *in*-8. *rel.* = Baga-
vadam. *Paris* , 1788 , *in*-8. *br.* —
Lettres sur les Sciences & sur l'Atlantide , par
Bailly. *Paris* , 1777 , 2 *vol. in*-8. *br.* = Essai
sur les Fables , par le même. *Paris* , *l'an* 7 ,
2 *vol. in*-8. *br.* —
Cornelius Nepos , cum not. var. *Amstelod.* 1687 ,
in-8. *vél.* —
L. An. Florus , cum not. var. *Amst.* 1660 , *in*-8.
v. b. —
Censorini liber de die natali , cum not. varior.
Lugd. Bat. 1767 , *in*-8. *v. f.* —
Biblia Hebraica. *Amst.* 1725 , *in*-8. *v. f.* —

21 1

Joan. Seldeni mare clausum. *Lugd., Bat.* 1636, *in-4. vél.*
Herm. Witsii Ægyptiaca. *Amst.* 1683, *in-4. v. b.*
Joan. Wichmanni Chronologia sacra. *Rostochii*, 1670, *in-4. vél.*

N° 5 , 57 *vol. in-8. & in-12. dont* ,

2 ....

Buxtorfi Grammat. hebraica. *Basileæ* , 1663 , *in-8. v. b.*

6 .... 6 ....

Théâtre d'Eschyle, en grec & en franç. trad. par M. Dutheil. *Paris* , *l'an* 3 , 2 *vol. in-8. fig. br.*

2 ..... 6 ....

Longinus de Sublimitate , gr. & lat. *Glasguæ* , 1751 , *in-12. v. éc.*

2 .... 10 ....

Relandi antiq. sacræ vet. hebræorum. *Lipsiæ* , 1715 , *in-12. v. b.*

7 .... 14 ....

Ciceronis Opera. *Parisiis* , *Stephanus* , 1543, 6 *vol. in-12. parch.*

1 ....

Euclide, trad. en franç. par Henrion. *Paris*, 1621, *in-12. br.*

6 .... 5 ..

Luciani Opera, gr. & lat. *Basileæ* , 4 *vol. in-8. v. b.*

3 1

Théorie des Loix civiles. *Londres* , 1767 , 3 *vol. in-12. v. m.*

N° 6 , 45 *vol. in-4. & in-8. dont*,

2 ....

Auctores Ling. Lat. in unum redacti corpus. *Gervasii* , 1602 , *in-4. v. b.*

3 .... 12 ..

P. Mart. Alberti Lexicon hæb. lat. Biblicum. *Budissæ* , 1704, *in-4. v. b.*

4 .... 1 ..

Henr. Noris annus & epochæ syro-macedonum. *Lipsiæ* , 1696 , *in-4. v. b.*

9 .... —..

Leon. Offerhaus Spicilegium histor. chronolog. *Groningæ* , 1739 , *in-4. v. m.*

6 ....

Guil. Robertson Thesaurus Ling. Sanctæ. *Londini* , 1680, *in-4. v. m.*

Wittfiuf. M. Duth. M. Lave.
Wich sauuf. Chronol. M. Duth.

won offhang. B.

Cellarii Notitia orbis antiqui. *Lipsiæ*, 1731, 2 *vol. in*-4. *v. m.* - - - - - - - - - - - - 12 ....

Manilii Aftronomicon , ed. Scaligero. *Argent.* 1655, *in*-4. *v. b.* = Ejufdem Caftigat. in Manilium. *Antuerp.* 1600, *in*-4. *rel. en peau.* - - - 3 .... D

La Mythologie & les Fables, expliquées par l'Hiftoire, par Banier. *Paris* , 1738 , 3 *vol. in*-4. *v. m.* - - - - - - - - - - - - 19 ....

Inftitutions Aftronomiques, par le Monnier. *Paris*, 1745 , *in*-4. *fig. v. m.* - - - - - - - 2 ....

Ciceronis Opera. *Genevæ*, 1660, *in*-4. *v. b.* - - - 3 .... 17.

La Chronologie des anciens royaumes, parNewton. *Paris*, 1728, *in*-4. *vél. vert.* = Apologie du Sentiment de Newton, fur la Chronologie, &c. par Stuart. *Francfort* , 1757 , *in* - 4. *m. r.* = Défenfe de la Chronologie, par Freret. *Paris* , 1758, *in*-4. *v. m.* - - - - - - - - 7 .... D

Rudimenta Ling. hebræeæ. *Excud. Henr. Stephanus*, 1567, *in*-4. *cart.* = Grammat. Chaldaica. *Basileæ* , 1527 , *in*-4. = Merceri Grammat. Chald. *Parisiis*, 1560 , *in*-4. *cart.* - - - - 2 .... 1.

Jo. Marfhami Canon Chronicus Ægyptiacus , &c. *Lipfiæ*, 1676, *in*-4. *v. b.* - - - - - - 2 .... 19 ..

Clenardi Inftitut. in Linguam græc. *Parifiis*, 1581 , *in*-4. *v. b.* - - - - - - 3 .... 4.

Réflexions Critiques fur les Hiftoires des anciens Peuples, par Fourmont. *Paris*, 1735, 2 *tom.* en 1 *vol. in*-4. *dem. rel.* - - - - - - 5 .... 19 ..

Thefaurus Ling. Sanctæ. *Parisiis, Rob. Stephanus*, 1548, *in*-4. *dem. rel.* - - - - - - - - 2 ....

N° 7 , 57 *vol. in*-4. *dont* ,

Chronologia & Critica hift. profanæ & facræ , auct. Hieremia a Bennettis. *Romæ* , 1766, 6 *vol. in*-4. *vél.* - - - - - - - - - 10 ..

Jo. Georg. Grævii Syntagma diſſertationum. *Ul-
trajecti, 1702, in-4. v. b.*

Diſſertations ſur Hérodote, par le preſ. Bouhier.
Dijon, 1746, in-4. v. m.

Monumens de la Mythologie & de la Poéſie des
Celtes, par Mallet. *Copenhague, 1756, in-4.
v. m.*

Jo. van der Hagen obſervationes variæ. *Amſtelod.
1733, 5 vol. in-4. vél.*

Mémoires ſur l'Egypte ancienne & moderne, par
d'Anville. *Paris, 1766, in-4. fig. v. m.*

L'Euphrate & le Tigre, par le même. *Paris,
1779, in-4. br.*

Etats formés en Europe, par le même. *Paris,
1771, in-4. fig. br.*

H. Dodwelli de vet. græcorum romanorumque
cyclis diſſert. *Oxonii, 1701, in-4. v. m.*

Chronologie de l'Hiſtoire Sainte, par des Vignoles.
Berlin, 1761, 2 vol. in-4. v. m.

Marmora Arundelliana, cum comment. Jo. Seldeni. *Londini, 1629, in-4. v. b.*

Explication de divers Monuments qui ont rap-
port à la Religion des anciens Peuples, par D.
Jacq. Martin. *Paris, 1739, in-4. fig. v. m.*

Mat. Waſmuth grammatica arabica. *Amſtelod.
1654, in-4. v. b.*

Jo. Meyeri tractat. de feſtis hebræorum. *Amſtelod.
1724, in-4. v. f.*

Conr. Kircheri concordantiæ veteris teſtamenti.
Francof. 1607, 2 vol. in-4. v. b.

Ed. Corſini faſti attici. *Florentiæ, 1744, 4 vol.
in-4. dem. rel.* = Ejuſd. diſſert. IV Agoniſticæ.
Flor. 1747, in-4. dem. rel.

Dion. Alexandrini & Pomp. Melæ orbis deſvan der Hagen. M. Dath.

Ortelius. M. Duth. M. Lasches.

criptio, gr. & lat. *Excud. H. Stephanus*, 1577, *in-4. v. b.*

Histoire de l'Astronomie ancienne, moderne & indienne, par Bailly. *Paris*, 1775, 5 *vol. in-4. v. m. & v. éc.*   61^{tt}

Polybii, Diodori Siculi, &c. excerpta, gr. & lat. ed. H. Valesio. *Parif.* 1634, *in-4. v. b. Ch. Mag.*   13 12

N° 8, 32 *vol. in-fol. & in-4.*

Menochii comment. in facram fcripturam. *Vene-tiis*, 1758, 2 *vol. in-fol. dem. rel.*   11

Chronicon Pafchale. *Venetiis*, 1729, *in-fol. dem. rel.*   3

Sancti Cypriani Opera, ed. Dodwello. *Amftelod.* 1700, *in-fol. v. b.*   3 13

Paufanias, gr. & lat. *Francof.* 1583, *in-fol. v. b.*   5 5

Flavii Josephi Opera, gr. & lat. *Coloniæ*, 1691, *in-fol. v. f.*   4 1

Voffii Etymologicon Ling. Lat. *Lugd.* 1664, *in-fol. v. b.*   2 10

Senecæ Philofophi Opera. *Parif.* 1607, *in-fol. v. b.*   6

Ortelii Thefaurus Geographicus. *Antverp.* 1596, *in-fol. v. b.*   11 10

Clementis Alexandrini Opera, gr. & lat. *Parif.* 1641, *in-fol. v. b.*   3

Examen critique des anciens hiftoriens d'Alexandre le Grand, par M. de Sainte-Croix. *Paris*, 1804, *in-4. cart.*   12

Libanii Epiftolæ, gr. & lat. *Amft.* 1738, *in-fol. v. m.*   4 8

Guil. Cave Scriptorum Ecclefiafticorum hift. lit-teraria. *Basileæ*, 1741, 2 *vol. in-fol. v. m.*   4 19

Pitifci Lexicon antiquit. Romanarum. *Hag. Com.* 1737, 3 *vol. in-fol. v. m.*   10 1

N° 9, 29 *vol. in-fol. dont* ;

Eufebii Pamphili Thefaurus temporum. *Lugd. Bat.* 1606, *in-fol. vél.*

Idem Liber. *Amftelod.* 1658, *in-fol. v. b.*

Jo. Scaligeri Opus de emendatione temporum. *Coloniæ*, 1629, *in-fol. v. b.*

Chronica trium illuft. auctorum, Eufebii Pamphili, &c. *Burdigalæ*, 1604, *in-fol. m. r.*

Diodorus Siculus, gr. et lat. *Hanoviæ*, 1604, *in-fol. v. b.*

Critica Hiftor. Chronol. in annales ecclefiafticos Baronii, ftud. Fr. Pagi. *Antverp.* 1705, 4 *vol. in-fol. v. b.*

Verrii Flacci fafti Romani. *Romæ*, 1780, *in-fol. dem. rel.*

Dion. Petavii opus de doctrina temporum. *Antverp.* 1703, 3 *vol. in-fol. v. b.*

Chronicon Hiftoriam Cathol. Complectens, auct. Edw. Simfonio. *Lugd. Bat.* 1729, *in-fol. vél.*

Jac. Ufferii annales veteris et novi Teftamenti. *Genevæ*, 1722, *in-fol. v. b.*

Cl. Salmafii Plinianæ exercitationes. *Parisiis*, 1629, 2 *vol. in-fol. v. b. Ch. Mag.*

Dionyfii Halicarnaffenfis Opera, gr. et lat. *Lipsiæ*, 1691, *in-fol. v. b.*

Titus Livius. *Basileæ*, 1549, *in-fol. v.*

Jo. Buxtorfi Lexicon Chaldaicum, Talmudicum, &c. *Basileæ*, 1639, *in-fol. v. b.*

Valent. Schendleri Lexicon Pentaglotton. *Francof.* 1612, *in-fol. rel. en peau.*

Plutarchi Opera, gr. et lat. ed. Rualdo. *Paris.* 1624, 2 *vol. in-fol. v. b.*

G. Syncelli Chronographia, gr. et lat. et Nicephori, patriarch. Conftant. Breviarium Chro-

Chronicon trium. M. Lare.

Cyricollus. M. Lare. 30h au plus

nologicum, gr. et lat edente Jac. Goar. *Parif.*
è Typ. Regia, 1652, *in-fol. v. m. Ch. Mag.*
Exemplaire très-précieux, fur lequel M. Parquoy a fait
un travail confidérable, & qu'il a porté fur les marges.

Canon Chronicus Genearcharum, Imperatorum,
Ducum, ordinem et fingulorum tempora con-
tinens, ad Georg. Syncelli Chronologiam, a
Pat. Jac. Goar digeftus. *In-fol. dem. rel.*

Manufcrit fur Papier.

N° 10, 45 *vol. in-4.*

Hiftoire univerfelle, par une Société de gens de
Lettres. *Amft.* 1770, 45 *vol. in-4. fig. v. m.* . . *180*

N° 11, 2 *vol. in-fol.*

Géographie ancienne, par d'Anville. *Paris*,
1769, *in-fol. atlant. fig. dem. rel.* - - - - - - *18* . . . *12.*
Un grand porte - feuille *in-fol.* renfermant des
cartes géographiques. - - - - - - - - *17* . . . . .

N° 12, 185 *vol. in-12. dont,*

Abrégé de l'Hiftoire eccléfiaftique, de Fleury.
Utrecht, 1748, 15 *vol. in-12. v. m.* - - - - *10* - - *19* . .
Sermons de Saint Auguftin. *Paris*, 1739, 14 *vol.*
in-12. v. b. - - - - - - - - - - *5* . . *19.*

N° 13, 67 *vol. in-12. dont,*

Inftitution d'un Prince, par Duguet. *Londres*,
1740, 4 *vol. v. m.* - - - - - - - - - *2* . . . *1.*
Miffel de Paris, lat &. fr. *Paris*, 1716, 4 *vol. v. b.* - *3* - - - -
Sermons de Massillon. *Paris*, 1747, 13 *vol.*
v. m. - - - - - - - - - - - - - *12.*

N.º 14, 138 *vol. in-12. dont*,

8....12. Abrégé de l'Histoire de l'ancien Testament, par Mesenguy. *Paris*, 1737, 10 *vol. v. b.*

2.... 8.. Le nouveau Testament, en françois, par le Père Quesnel. *Amsterd.* 1736, 7 *vol. v. b. imparfait*

3.... { Lettres de M. Ant. Arnauld. *Nancy*, 1727, 8 *vol. v. b.*

L'Espion dans les cours des Princes chrétiens. *Amsterd.* 1756, 9 *vol. v. m. Manque le tom. 1.er.*

2....5.. { Révolutions de Suède, par de Vertot. *Paris*, 1751, 2 *vol. v. m.*

Dictionnaire néologique. 1727, *in-12. v. f.*

N.º 15, 26 *vol. in-fol. dont*,

91.... Biblia polyglotta Bryani Walton, et Castelli Lexicon. *Londini*, 1667, 8 *vol. in-fol. v. b. gâté*

20....13.. Synopsis Criticorum aliorumque S. Scripturæ interpretum, opera Math. Poli. *Londini*, 1669, 8 *vol. v. b.*

2....3. Sancti Justini opera, gr. & lat. *Colon.* 1686, *v. b.*

4....3. Sancti Epiphanii opera, gr. & lat. *Colon.* 1682, 2 *vol. vél.*

23....19 { Riccioli Chronologia reformata. *Bononiœ*, 1669, 2 *vol. v. b.*

Lycophronis Alexandra, gr. & lat. ed. Pottero. *Oxonii*, 1702, *v. f.*

11.....1. Herodoti hist. gr. & lat. ed. Th. Gale. *Lond.* 1679, 1 *vol. v. m.*

N.º 16, 38 *vol. in-fol. & in-4. dont*,

18....19 { Géographie des Grecs analysée, par M. Gosselin. *Paris*, 1790, *in-4. fig. cart.*

Recherches sur la géographie systématique des

Scholtz, grammat. M. Duth.

Proclus. M. Lasc. +

Anciens, par le même. *Paris*, an VI, 2 *vol. in-4.*
fig. cart.

Pfalterium quintuplex. *In-4. v. b.* — — — — — 3 ...

Novum Teftamentum copticum , ftud. Dav.
   Wilkins. *Oxonii*, 1716 , *in-4. v. b.* — — — — 8 ...

Scriptores rei rufticæ lat. veteres , ed. Gefnero.
   Lipsiæ , 1735 , 2 *vol. in-4. v. éc.* — — — . . 18 ... 2

Th. Hyde Hiftoria religionis vet. Perfarum.
   Oxonii , 1700 , *in-4. v. b.* — — . . . 11 ... 14.

Aftronomie , par Lalande. *Paris* , 1792 , 3 *vol.*
   in-4. cart. . — — — — . . 39 . 10 D

Traité de Trigonométrie, par Cagnoli .*Paris,* 1786,
   in-4. br. — . . — . . . 5 ...

Chr. Scholtz Grammatica & Lexicon Ægyptiaco-
   latinum. *Oxonii*, 1775 , 2 *vol. in-4. v. f.* — 24 ... D

Obfervations mathématiques , par Souciet.*Paris,*
   1729 , 3 *vol. in-4. v. m.* — — . . . . 16 ... 1..

Zend-Avesta , par M. Anquetil du Perron. *Paris ,*
   1771 , 3 *vol. in-4. v. éc.* — . — . . . 27 ... 1.

Mém. hift. sur les pays situés entre la mer Noire
   et la mer Caspienne. *Paris*, 1797 , *in-4. br.* — 5 ... 1..

Eufebii Hift. ecclesiastica , gr. *Lutet. Rob. Ste-*
   phanus , 1544 , *in-fol. v.* — . . . . 4 ... 2..

     N° 17 , 33 *vol. in-4. in-8. & in-12. dont,*

Hiftoire des Empereurs , par Tillemont. *Paris ,*
   1690 , 6 *vol. in-4. v. b. & br.* — . . . . 8 ... 1.

Arati Phænomena , gr. & lat. *Parif.* 1559, *in-4.*
   rel. en peau. — . — . — — . — 5 ... 19,

Eutychii ecclefiæ fuæ origines, arab. & lat. *Lond.*
   1642 , *in-4. parch.* . — . — . — 2..

Procli sphæra, gr. & lat. *Londini*, 1620, *in-4.*
   v. f. — . — . — . . . . — 12 ... D

11..... Pauli Ernesti Jablonski Pantheon Ægypti rum
  Francof. 1750 , *in-8. vél.*

N° 18 , 42 *vol. in-4.* *in-8. & in-12. dont,*

2.... 19. Dissert. sur l'exiſtence de Dieu , par Jaquelot.
  La Haye, 1697 , *in-4. v. f.*

4.... 1.. Ant. van Dale diſſertationes de oraculis, & de ido-
  lolatria. *Amst.* 1700, 2 *vol. in-4. v. b.*

10.... 10. Origine des Cultes, par Dupuis. *Paris ,* l'an III ,
  4 *vol. in-4. fig. br.*

5 ..... Biblia hebraica. *Amſt.* 1753 , *in-8. v. m.*

3 .... La République romaine, par de Beaufort. *Paris,*
  1767 , 6 *vol. in-12. br.*

1 .... 10 . Psalmorum liber , hebr. et lat. edid. Fr. Hare.
  Londini , 1736 , 2 *vol. in-8. v. b.*

N° 19, 2 *vol. in-folio.*

43 ---12. Dionis Cassii Hiſtoria romana , gr. et lat. ed. H. S.
  Reimaro. *Hamburgi,* 1750, 2 *vol. in-fol. en feuil.*

N° 20 , 70 *vol. in-12. dont,*

21 .... 10. Hiſtoire de l'Académie des Inſcriptions. *La Haye ,*
  1718 , 15 *vol. cart.* = Mémoires de la même
  Académie. *La Haye,* 1719 , 59 *vol. cart. Il*
  manque les tomes 25, 30, 32, 43, 48 & 49.

F I N.

Les Livres feront expofés dans l'ordre qui fuit:

Lundi 21 *Octobre* (29 Vendémiaire).

Les n.º 13, 14, 1, 2, 5, 19, 16, 7. . . . . 727.ᵗᵗ ... 19.º

Mardi 22 *Octobre* (30 Vendémiaire).

Les n.º 12, 3, 6, 8, 9, 17, 18, 4, 11, 20, 10, 15.